AF312718

VENTE DU LUNDI 9 MARS 1896

HÔTEL DROUOT, SALLE N° 7

à 2 heures précises

FAIENCES ANCIENNES

DE

Rouen, Nevers, Moustiers, Marseille
Strasbourg, Niderwiller, Aprey, Paris, Bordeaux
Delft, Italiennes, Rhodes, etc.

PORCELAINES FRANÇAISES ET ÉTRANGÈRES

GRÈS

CUIVRES ET ÉTAINS

Composant la Collection d'un Amateur

<table>
<tr><td>

Me Paul CHEVALLIER

COMMISSAIRE-PRISEUR

10, rue de la Grange-Batelière, 10

</td><td>

M. CAILLOT

EXPERT

17, rue Lafayette, 17

</td></tr>
</table>

EXPOSITION PUBLIQUE

LE DIMANCHE 8 MARS 1896

DE 2 HEURES A 6 HEURES

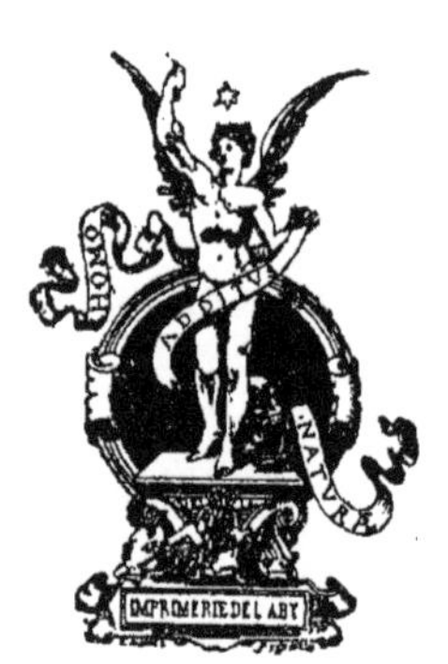
HOMO
ADDITVS
NATVRAE
IMPRIMERIE DEL ABY

CONDITIONS DE LA VENTE

Elle sera faite au comptant.

Les acquéreurs payeront *cinq pour cent* en sus des adjudications.

L'exposition mettant le public à même de se rendre compte de l'état et de la nature des objets, aucune réclamation ne sera admise une fois l'adjudication prononcée.

Paris. — Imp. de l'Art. E. Moreau et Cⁱᵉ, 41, r. de la Victoire.

DÉSIGNATION DES OBJETS

FAIENCES DE ROUEN
DÉCOR BLEU

1 — Assiette; au fond, dans un grand médaillon,
les armoiries du marquis de Maillebois soutenues
par deux levriers; ce médaillon est relié, au
bord, par un riche décor d'ornements.

2 — Assiette; au fond, dans un grand médaillon,
une armoirie soutenue par deux griffons et surmontée d'une couronne; au marli, bordure de
pendentifs.

3 — Assiette; au centre, une corbeille fleurie sur
un motif avec rinceaux et draperie; au marli et
à la chute, riche décor de pendentifs et gerbes
de fleurs.

4 — Assiette; au centre, une petite rosace; au

marli et à la chute, large décor de pendentifs et rinceaux reliés par des guirlandes.

5 — Assiette; au centre, dans un médaillon, se trouve un animal fantastique; au marli et à la chute, larges motifs de rinceaux et pendentifs.

6 — Assiette décorée en plein d'un sujet composé de personnages chinois et animaux dans un paysage.

7 — Assiette à bord contourné; au centre, une corbeille fleurie reposant sur des rinceaux; au marli, guirlandes de fleurs et cartouches quadrillés noirs.

8 — Aiguière en forme de casque avec masque d'homme barbu et deux sphinx sous le déversoir, riche décor de lambrequins, pendentifs et réserves.

Haut., 28 cent.

9 — Grand pichet décoré en plein d'un sujet représentant un berger et une bergère dans un paysage, dans le goût des faïences de Nevers.

Haut., 32 cent.

10 — Sucrière de forme cylindro-cônique avec couvercle dôme ajouré et se vissant, décor rayonnant de lambrequins et fleurs.

> Haut., 19 cent.

11 — Pot à tabac, décor à lambrequins.

FAIENCES DE ROUEN

DÉCOR BLEU ET ROUGE

12 — Assiette décorée, au centre, d'une rosace pointillée entourée de six fleurons quadrillés ; au marli et à la chute, lambrequins et pendentifs.

> (*Vente Ch. Antiq.*)

13 — Assiette décorée, au centre, d'une corbeille fleurie ; au marli et à la chute, lambrequins, pendentifs et cartouches quadrillés.

14 — Assiette décorée, au centre, d'une rosace avec réserves quadrillées ; au marli et à la chute, lambrequins, pendentifs et fleurons quadrillés.

15 — Assiette décorée, au centre, d'une corbeille fleurie reposant sur des rinceaux ; au marli et à

la chute, pendentifs séparés par des couronnes de feuillages.

Reproduite dans *Ris Paquot.*

16 — Vase dit pot-pourri avec couvercle percé de trous, à décor de pendentifs reliés par des guirlandes de fleurs et feuillages.

Haut., 15 cent.

17 — Assiette à décor en plein; au milieu, des personnages chinois autour desquels sont des médaillons en réserve renfermant des animaux fantastiques.

(Vente Ploquin.)

18 — Plateau octogone à décor rayonnant, paniers fleuris; au centre, un cul-de-lampe portant un fleuron accosté de deux oiseaux.

19 — Assiette à décor rayonnant; au centre, rosace à huit lobes avec fleurons et draperies, du milieu de laquelle six traits se prolongent jusque sur le marli décoré d'une bordure de lambrequins et pendentifs de fleurs.

(Vente Michel Pascal.)

FAIENCES DE ROUEN
DÉCOR POLYCHROME

20 — Bannette de forme octogone, à bord relevé et anses en torsades, décorée au centre d'une corbeille de fleurs ; au bord et à la chute, médaillons avec vases de fleurs reliés par des guirlandes fleuries.

Diam., 34 cent.

(Vente Lefrançois.)

21 — Assiette à décor en plein, composé de trois personnages chinois dans un paysage, avec oiseaux et balustrades.

Belle qualité.

22 — Petit plat long, octogone, décoré au fond d'une scène de chasse ; bordure de lambrequins à coquilles, rinceaux et fonds partiels quadrillés et ponctués de rouge ; à la partie supérieure, un écu aux armes des Duprat.

Long.. 29 cent.

23 — Deux petites consoles-appliques, avec mascarons et feuilles d'acanthe.

Haut., 16 cent.

(Vente d'Yvon.)

24 — Pichet et son couvercle, décor composé de personnages chinois dans un paysage ; aux parties supérieures et inférieures, une large bordure quadrillée, avec réserves contenant des crevettes.

Haut., 24 cent.

25 — Pichet forme broc, décor de style rocaille ; dans un grand motif d'ornements formant médaillon, se trouve une sainte avec l'inscription : *Marguerite Gardin 1777.*

Haut., 30 cent.

26 — Petite écuelle cylindrique, forme basse, avec deux anses ; décor de fleurs sur fond bleu empois.

Diam., 17 cent.

27 — Saucière de forme oblongue, avec anses imitant le bois ; décor à la grenade et œillets.

Haut., 13 cent.; long., 26 cent.

28 — Sucrier de forme cylindrique, avec son couvercle surmonté d'un bouton ; décor de feuillages, œillets et grenade.

Haut., 105 millim.

29 — Théière avec anse et couvercle, décor de feuillages et marguerites.

30 — Assiette décorée au fond d'un monogramme
entouré d'une couronne de laurier; au marli,
fleurs sur fond bleu, avec réserves quadrillées.

31 — Assiette décorée, au centre, d'une pagode;
au marli, quadrillés verts, avec réserves de
fleurs.

32 — Assiette décorée en plein d'un gros perro-
quet perché au milieu de branchages, fleurs et
fruits.

33 — Assiette décorée, au centre, d'une corbeille
de fleurs; au marli, cartouches quadrillés rouge,
reliés par des guirlandes de fleurs.

34 — Assiette décorée, au centre, d'une corbeille de
fleurs; au marli, quadrillés avec des crevettes
dans des réserves.

35 — Assiette à bord contourné, décor en plein,
composé de personnages chinois dans un
paysage.

36 — Assiette à bord contourné, décor dit au carquois; au bord, des ornements avec treillis et
fleurons.

37 — Assiette à bord contourné ; décor, au fond d'une coquille, et, au marli, d'ornements avec treillis et fleurons.

38 — Assiette à bord contourné, décor en plein, composé de feuillages, fleurs et œillets.

39 — Assiette à bord contourné, décor à la haie fleurie.

40 — Assiette à bord contourné, décor à la rose jaune.

41 — Assiette décorée, au centre, d'une corbeille fleurie ; au marli, sept réserves, avec branches de fleurs.

42 — Assiette à bord contourné, décor dit à la Tulipe.

43 — Assiette à bord contourné, décor dit au sainfoin.

44 — Deux petites bouteilles décorées dans le goût chinois, en bleu et manganèse ; genre nivernais.

Haut., 19 cent.

45 — Assiette à bord contourné, décorée de deux personnages dans un paysage maritime. Atelier de Levavasseur.

46 — Assiette à bord contourné, décor d'oiseaux et fleurs. Atelier de Levavasseur.

47 — Petit plat ovale à bord contourné, décor composé de trois personnages chinois dans un paysage.

Long., 31 cent.

(*Vente Ploquin.*)

48 — Assiette à bord contourné, décor japonais, fleurs et oiseaux.

49 — Compotier à bord contourné, décor chinois à personnage.

50 — Assiette, décor dit au jardinet; quadrillés au marli.

51 — Assiette, décor dit au sainfoin ; quadrillés au marli.

52 — Assiette, décor à la pagode ; quadrillés au marli.

53 — Deux assiettes, décor au carquois.

54 — Assiette, décorée en plein d'un grand bran-
change composé de fleurs, grosses grenades et
chardons.

Type rare.

55 — Assiette, décor chinois.

56 — Assiette à bord contourné, décor chinois.

57 — Assiette décorée d'un bouquet de fleurs au
centre et de quatre papillons au marli.

58 — Assiette à bord contourné, décor dit aux
canards.

59 — Assiette à bord contourné, décor à la corne
d'abondance.

60 — Assiette à bord contourné, décor dit à la corne
tronquée.

61 — Tasse et sa soucoupe, décor de fleurs.

62 — Burette et son couvercle, décor à lambrequins
bleu et rouge.

63 — Petite bouteille, décor de fleurs, genre à la
corne.

64 — Petit sucrier à deux anses, décor à fleurs.
Manque le couvercle.

65 — Cache-pot, décor dit à la double-corne.

FAIENCES DE NEVERS

66 — Coupe à bord renversé, décorée de fleurs et
feuillages en blanc et jaune sur fond gros bleu.

Diam., 28 cent.

67 — Coupe à bord renversé, décorée de fleurs et
feuillages en blanc fixe sur fond gros bleu.

Diam., 31 cent.

68 — Vase bursaire avec deux anses torses, décoré
de fleurs et feuillages en blanc et jaune d'ocre
sur fond gros bleu.

Haut., 14 cent.

69 — Pot à eau avec anse torse et col évasé, décoré
de fleurs et feuillages en blanc et jaune d'ocre
sur fond gros bleu.

Haut., 17 cent.

70 — Bouquetière forme navette sur piédouche,

surmontée de trois goulots et percée de trous ;
décor polychrome de style rocaille.

Haut., 19 cent.; larg., 20 cent.

71 — Trois pièces : un baquet avec les enfants de
la légende de saint Nicolas ; Chinois portant une
coquille et une salière hexagonale.

72 — Grand bénitier, décor polychrome représentant le sujet de l'Annonciation, sur le récipient:
Jésus couronné d'épines ; l'encadrement est
composé de têtes d'anges et de rocailles.

Haut., 45 cent.

73 — Assiette, décor camaïeu manganèse en plein
d'un sujet pastoral.

74 — Grand plat, décor bleu et manganèse avec
sujet représentant : les Trois Parques.

Diam., 465 millim.

(*Vente Ploquin.*)

75 — Deux grands flambeaux à tiges quadrangu-
laires et pieds circulaires, décorés en bleu, de
fleurs et oiseaux ; armoirie sur le pied.

Haut., 245 millim.

76 — Gourde de forme aplatie avec anneaux et passants, décor polychrome; sur une face quatre
enfants jouant, sur l'autre grand blason.

> Haut., 29 cent.

77 — Tête de madone couronnée, décor polychrome.
Première époque.

78 — Potiche forme boule, décor bleu et jaune
avec fleurs et animaux chimériques, dans le goût
chinois.

> Haut., 29 cent.

79 — Jardinière forme oblongue avec deux anses
torses, décor blanc fixe et deux tons de jaune
sur fond gros bleu.

> Long., 32 cent.

80 — Bouteille décorée en blanc fixe d'œillets et de
tulipes sur fond gros bleu de Perse.

81 — Hanap couvert, décor polychrome: Évêque
et Madeleine, sur fond jaune.
Pièce intéressante.

> Haut., 28 cent.

82 — Potiche, décor vert de cuivre, de fleurs et
oiseaux; collerette et piédouche, fond jaune relevé de dessins manganèse.

> Haut., 21 cent.

83 — Cache-pot à anses torses, décor chinois en bleu.

FAIENCES FRANÇAISES DIVERSES

84 — MOUSTIERS. Boîte à épices de forme oblongue, reposant sur quatre pieds, décor bleu d'arabesques ; sur le couvercle se trouve un anneau.

12 cent. sur 85 millim.

85 — MOUSTIERS. Pot à eau, décor bleu de style Bérain.

Haut., 20 cent.

86 — MOUSTIERS. Sucrière en forme de balustre avec panse godronnée, décor bleu de petits pendentifs.

Haut., 25 cent.

87 — MARSEILLE. Assiette à bord contourné ; au milieu se trouvent deux personnages dans un paysage ; au marli, fleurs et attributs champêtres.

88 — STRASBOURG. Service à crème, comprenant

un plateau carré et neuf pots à crème, décor
polychrome de fleurs, les couvercles sont surmontés d'un fruit formant le bouton.

89 — STRASBOURG. Bouquetière forme éventail avec
cinq goulots et deux anses, décor polychrome
d'un gros bouquet de fleurs.

> Haut., 17 cent.; larg., 20 cent.

90 — NIDERWILLER. Soupière et son plateau de
style rocaille, décor polychrome de fleurs; le
couvercle est surmonté de légumes et d'une
écrevisse en relief formant le bouton.

> Longueur du plateau. 50 cent.
> Longueur de la soupière, 37 cent.

91 — SCEAUX. Petit compotier creux avec médaillon
contenant une fleur, ce médaillon est relié au
bord par des bandes carmin et des réserves
avec oiseaux.

> Diam., 18 cent.

92 — APREY. Assiette à bord contourné portant sur
le marli des fleurs en relief; au fond, un oiseau,
le tout en décor polychrome.

93 — PARIS. Saladier, décor bleu et rouge ; au fond,

grand médaillon représentant saint Nicolas, relié au bord par un motif rayonnant, avec lambrequins fleuronnés. Monogramme : N B 1723.

94 — SAINT-CLOUD. Saladier, décor bleu et jaune ocre, décoré au fond d'un grand médaillon renfermant un sujet de chasse, en camaïeu bleu ; relié au bord par un large lambrequin. Monsieur Le Roux, 1725.

95 — MALICORNE. Fontaine, terre vernissée, en forme de cathédrale gothique, décorée en relief de personnages et ogives ; elle possède sa vasque.

96 — PRÉ D'AUGE. Coupe ovale en hauteur, terre vernissée polychrome ; au centre, personnage religieux ; sur le marli, treize mascarons dans des médaillons ovales, reliés entre eux par des ornements surmontés du monogramme du Christ.

Haut., 38 cent.; larg., 32 cent.

97 — LES ISLETTES. Poire à poudre, de forme aplatie, décor polychrome en relief de deux grands médaillons. Attributs de chasse.

98 — MARSEILLE. Petite écuelle, décorée en poly-

chrome de Chinois et fleurs; le bouton du couvercle est formé par une branche et des fruits en relief.

99 — MOUSTIERS. Assiette, décor polychrome; au fond, médaillon sujet mythologique entouré d'une frise en enroulement; au marli, guirlandes fleuries et petits pendentifs.

100 — MOUSTIERS. Assiette, même décoration que la précédente, excepté le sujet du médaillon.

101 — MARSEILLE. Assiette, décor vert et rouge de la veuve Périn.

102 — STRASBOURG. Deux assiettes, décor polychrome de fleurs de la fabrique de Joseph Hanong. Signées.

103 — BORDEAUX. Assiette, décor polychrome; au centre, gros papillon; au marli, quadrillés.

104 — MARSEILLE. Chocolatière à trois pieds; décor polychrome de fleurs.

105 — LILLE. Bouteille décorée en bleu de lambrequins.

106 — MOUSTIERS. Couteau avec manche, décor bleu d'après Bérain.

107 — MOUSTIERS. Plat à bord contourné, décor vert d'après Callot.

FAIENCES DE DELFT

108 — Boîte à thé, avec son couvercle, décor polichrome à fond noir; des médaillons renfermant des fleurs se trouvent sur les quatre faces.

Haut., 12 cent.

109 — Huilier composé de son présentoir et des deux burettes, décor polychrome avec réserves en forme de cœur sur fond vert.

(Vente Michel Pascal.)

110 — Deux vases à anses sur piédouche et renflement au milieu, décor bleu de style chinois.

Haut., 32 cent.

111 — Deux petites potiches couvertes avec panses aplaties, décorées en bleu; le couvercle est surmonté d'une chimère.

Haut., 29 cent.

112 — Plaque à bord contourné, décor bleu et bordure en relief formant cadre; au centre, un blason soutenu par deux amours.

Haut., 22 cent.; larg., 25 cent.

113 — Plaque à bord contourné, décor bleu et bordure en relief formant cadre; au centre, des Chinois dans un paysage sont assis près d'une table.

Haut., 24 cent.; larg., 26 cent.

114 — Plat, décor polychrome rehaussé de dorure; au centre, se trouve une grande armoirie; au marli, décor de fleurs et d'arabesques de style chinois.

Diam., 34 cent.

115 — Compotier octogone, décor bleu; au centre se trouve une scène d'intérieur comprenant quatre personnages.

Diam., 20 cent.

116 — Compotier octogone, décor polychrome sur fond vert; au centre, une croix de Saint-André, entourée de quatre médaillons en forme de cœur.

Diam., 20 cent.

117 — Assiette, décor camaïeu bleu; au fond, le sujet de la Résurrection; au marli, guirlande d'Amours. Marquée au revers ROOS.

118 — Petit plat, décor japonais, camaïeu bleu; compartiments au marli.

119 — Assiette, décor camaïeu bleu japonais à lambrequins.

120 — Assiette, décor camaïeu bleu japonais à lambrequins.

121 — Assiette, décor polychrome de lambrequins; oiseaux au centre.

122 — Assiette, décor polychrome japonais; quadrillés au marli; fleurs au centre.

123 — Petit plat, décor polychrome; deux coqs au fond et oiseaux au marli.

124 — Plateau carré, décor polychrome chinois sur fond bleu empois.
   Pièce très rare.

125 — Paire de petits souliers; décor polychrome, fond ocre.

126 — Tasse et soucoupe, décor polychrome japonais ; la tasse est signée : ROOS.
   Très belle qualité.

127 — Tasse et sa soucoupe, décor polychrome de fleurs et oiseaux.

128 — Soucoupe côtelée à bord dentelé ; décor japonais polychrome.

129 — Burette, décor bleu, fleurs et lambrequin.

130 — Petit vase à fleurs, décor japonais à réserves.

131 — Petit plateau à cinq compartiments, décor bleu.

132 —. Petit cachepot, décor polychrome à lambrequins. Marqué AR.

133 — Crachoir, décor bleu ; marqué HB à la hache.

134 — Boîte et son couvercle, à décor polychrome avec médaillons à paysage en camaïeu bleu.
   Jolie pièce.

135 — Beurrier, décor bleu japonais ; marqué à la hache.

136 — Deux sabots Louis XV, décor bleu.

137 — Chocolatière, décor polychrome à lambrequins ; le goulot est monté en argent.

138 — Hanap Louis XV rocaille, décor manganèse.

139 — Assiette, décor vert, rouge et bleu, chinois au centre.
Belle pièce.

140 — Carreau, décor bleu à personnages ; encadrement Louis XV.

141 — Potiche décorée en bleu, de fleurs et médaillons. Style japonais.

Haut., 21 cent.

142 — Deux bouteilles, style japonais, décor bleu et manganèse.
Marque S V E.

Haut., 28 cent.

FAIENCES ÉTRANGÈRES DIVERSES

143 — VENISE. Plat oblong à bord contourné, décor polychrome sur fond bleuté dans le genre de Bérain.

Long., 31 cent.

144 — VENISE. Assiette, à décor polychrome en plein; un personnage se trouve au milieu d'un paysage et de ruines.

(Vente Fétis.)

145 — CASTELLI. Gourde de pèlerin de forme lenticulaire à deux compartiments avec coulants et passants ; d'un côté se trouve un prélat et de l'autre un moine.

Haut., 20 cent.; diam., 18 cent.

146 — RHODES. Petit plat, à décor de fleurs et de feuillages en bleu et noir.

Diam., 27 cent.

147 — RHODES. Petit pot à anse, décor polychrome de fleurs et feuillages.

148 — Plat en terre émaillé, représentant la Cène.

149 — MILAN. Sucrier, décor polychrome de personnages, animaux, insectes et oiseaux.

150 — MANISSÈS. Petite assiette, décor bleu et rouge, à reflets métalliques.

Diam., 185 millim.

151 — REHWEILER. Assiette à bord dentelé, décor polychrome à l'imitation des porcelaines de la Chine, famille verte.

152 — VENISE. Plat ovale à bord festonné, décoré sur le bord d'amours, corne d'abondance, coquille, etc.; en relief; au fond, des amours entourent un bouc, le tout en bleu sur fond manganèse.

Long., 34 cent.

(Vente Lafaulotte.)

153 — KUTAHIA. Deux tasses et une soûcoupe, décor polychrome.

154 — RHODES. Plat, décor rayonnant vert et rouge rehaussé d'or.

PORCELAINES DIVERSES

155 — WEDGWOOD. Médaillon biscuit noir représentant en buste le portrait de Fox.

156 — TOURNAY. Deux tasses à café et soucoupes porcelaine pâte tendre, décor polychrome de fleurs.

157 — CHELSEA ? Grande soucoupe porcelaine tendre, décorée en polychrome de personnages chinois et vases fleuris.

158 — CHELSEA ? Boîte à thé avec couvercle surmonté d'une fleur; même décoration que le numéro précédent.

159 — DERBY. Assiette porcelaine tendre polychrome; au fond, dans un médaillon, un C surmonté d'une toque de magistrat; au marli, six médaillons reliés par des ornements divers.

160 — SÈVRES. Biscuit représentant deux personnages sous un arbre, tenant une corbeille de fleurs.

161 — SAINT-CLOUD. Tasse et sa soucoupe à gaudrons; décor bleu quadrillé, marqué au revers
S¹ C
T

162 — SAINT-CLOUD. Tasse à gaudrons décor bleu. Marque au soleil.

163 — SAINT-CLOUD. Boîte à épices à gaudrons, décor bleu.

164 — SAINT-CLOUD. Salière forme ronde, décor bleu; gaudronnée sur le bord.

165 — SAINT-CLOUD. Deux soucoupes, décor bleu à lambrequins; rosace au centre.

166 — SAINT-CLOUD. Boîte à épices, forme trèfle. Le couvercle manque.
Très belle qualité.

167 — SAINT-CLOUD. Deux petits vases ou poids, décor bleu; l'un d'eux est gaudronné.

168 -- SAINT-CLOUD. Sucrier à deux anses, décoré en blanc de fleurs en relief.

169 — SAINT-CLOUD. Tasse décorée en blanc de motifs japonais en relief; le couvercle est monté en argent.

170 — SAINT-CLOUD. Coquetier, décor bleu. Marque D.
(Collection Michel Pascal.)

171 — SAINT-CLOUD. Petit pot à lait, décor blanc japonais en relief.

172 — CHANTILLY. Deux pièces : moutardier forme baril à anse, et son couvercle ; décor de fleurs en bleu, et petit pot à pommade décoré en vert et rouge dans le goût japonais. Monture en argent.

173 — MENNECY. Deux pièces : coquetier et pot à crème. Marque DV.

174 — MENNECY. Trois pièces : deux pots à crème et un pot à pommade, décor blanc en relief. Marque DV.

175 — CHINE. Tasse, décor vert et rouge ; chinois et oiseaux.

GRÈS

176 — Deux pièces : pot couvert en étain et chope émaillée gris et bleu.

177 — Pot en grès de Flandre ; étoile sur la panse, bleu et manganèse, anse en étain.

178 — Pot en grès de Flandre ; ornements et rosaces.

179 — Pot en grès de Flandre, décor bleu et manganèse. Couvercle en étain.

180 — Pot en terre vernissé brun, décoré de mascarons verdâtres.

CUIVRES ET ÉTAINS

181 — Jardinière à pans coupés, cuivre rouge. Travail oriental.

182 — Chauffe mains à gaudrons, couvercle ajouré. cuivre rouge.

183 — Théière Louis XIV à large panse, cuivre rouge ; décorée de dessins et arabesques gravés.

184 — Petit réchaud, cuivre jaune.

185 — Deux hanaps Louis XIV, couvercles à dessins en relief, surmontés d'un dauphin ; mascaron au goulot de l'un d'eux. Etain.

186 — Plat en étain, gravé à large marli. Daté sur le poinçon.

187 — Deux assiettes creuses à pans coupés ; coquilles et torsades en relief au marli. Étain.

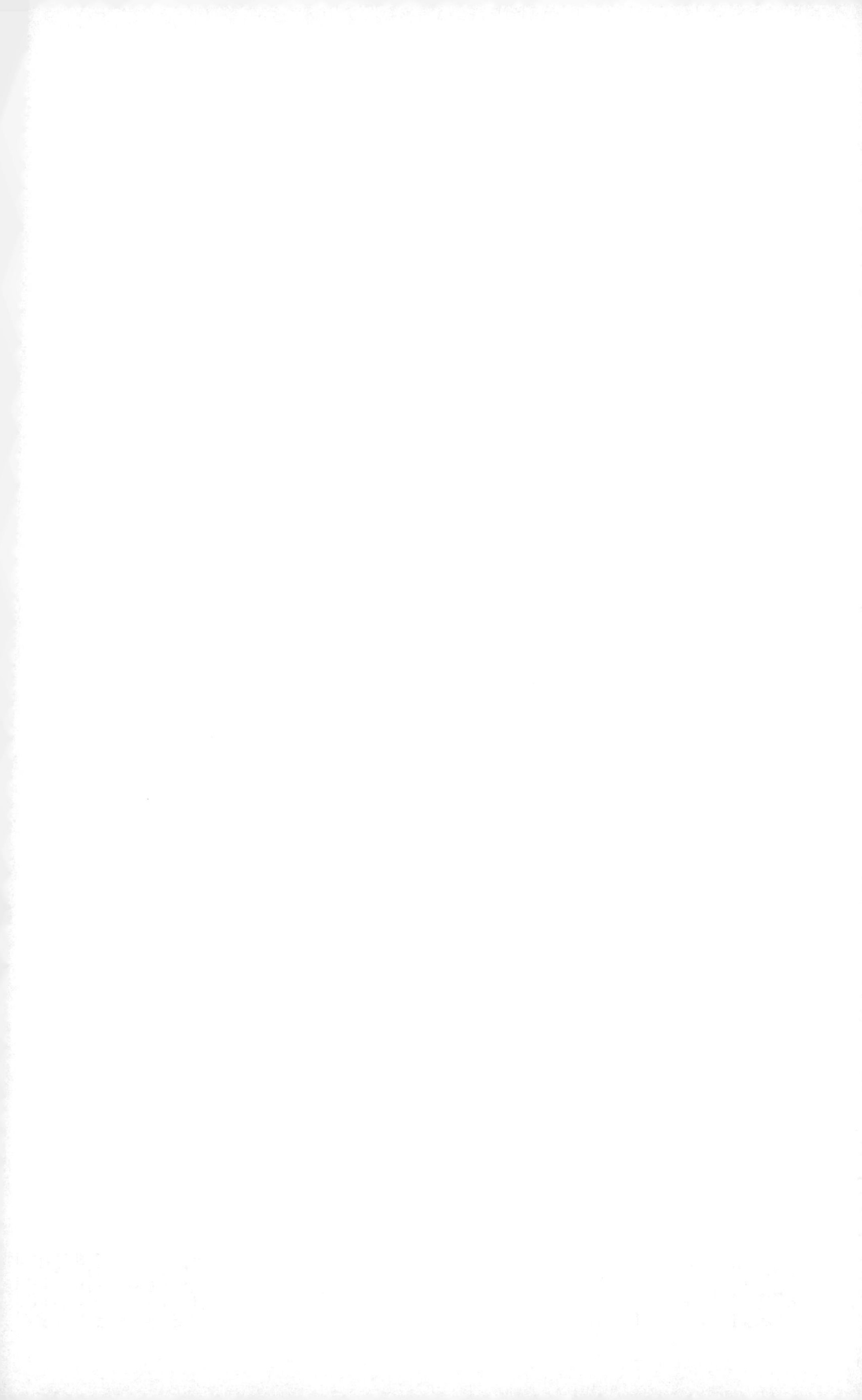

www.ingramcontent.com/pod-product-compliance
Ingram Content Group UK Ltd.
Pitfield, Milton Keynes, MK11 3LW, UK
UKHW031731170726
13836UKWH00002B/588